Издательство ELI предлагает вашему вниманию серию адаптированных книг на русском языке для читателей всех возрастов.

В каждом издании представлена информация о культурно-историческом наследии и современной жизни города.

Все книги серии сопровождаются тщательно составленными упражнениями, красочными фотографиями, аудиоприложениями и музыкальными фрагментами из произведений русских композиторов.

Олеся Балтак

# Санкт-Петербург

## от А до Я

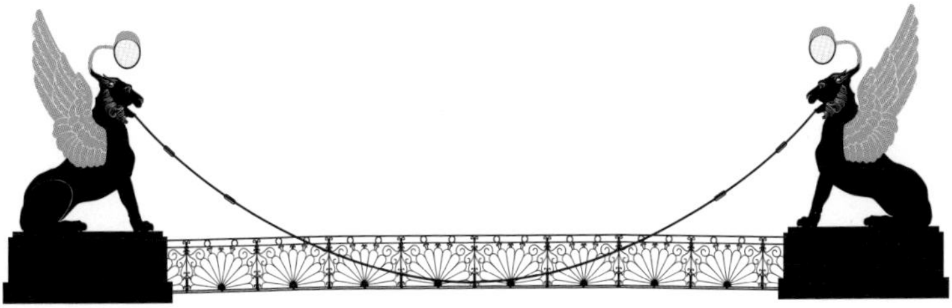

Адаптированное чтение

**Санкт-Петербург от А до Я**
Автор пересказа и упражнений Олеся Балтак

Серия адаптированных книг на русском языке издательства ELI

**Основатели и редакторы серии**
Паола Аккаттоли, Грация Анчиллани, Даниэле Гарбулья (арт-директор)

**Графический дизайн**
Airone Comunicazione

**Раскладка**
Марияроза Брицци, Джакомо Фонтани

**Технический редактор**
Франческо Капитано

**Фото и изображения предоставлены**
Shutterstock

© ELI s.r.l.
B.P.6
62019 Recanati (MC)
Italia
T +39 071750701
F +39 071977851
info@elionline.com
www.elionline.com

Формат 10,5/13,5 pt Гарнитура Таймс
Отпечатано в Италии компанией
Tecnostampa - Pigini Group Printing Division Loreto - Trevi
ERR002.01
ISBN 978-88-536-2654-7
Первое издание: сентябрь 2018 г.
Второе издание: февраль 2021 г.


www.eligradedreaders.com

# СОДЕРЖАНИЕ

Данные символы указывают начало и конец фрагмента записи

**начало** (▶) **стоп** (■)

# 2

# Архитектура

Санкт-Петербург – это один из самых красивых городов Европы. Город имеет множество символических названий. Санкт-Петербург называют Северной Пальмирой за его удивительную красоту и Северной Венецией за большое количество каналов, мостов, рек, островов.* Петербург – это музей под открытым небом и культурная столица России с прекрасными музеями, театрами, парками и памятниками* архитектуры. Здесь можно увидеть различные

Петропавловская крепость

архитектурные стили: барокко, классицизм, ампир, псевдоготику, конструктивизм и современный хай-тек. Петербург с самого начала строили по архитектурному плану как столицу империи. Пётр I приглашал самых лучших, самых талантливых архитекторов и инженеров. Доменико Трезини был первым архитектором города. Он построил Петропавловский собор* и Летний дворец Петра I.

Петропавловский собор

Петропавловский собор находится на территории Петропавловской крепости.* Это самый старый и самый известный собор города, его строили с 1713 по 1733 год. В соборе находятся гробницы* почти всех императоров династии Романовых, начиная с Петра I. Петропавловская крепость была построена для защиты города на небольшом Заячьем острове. На территории крепости была политическая тюрьма.* Там содержались под арестом сын Петра I Алексей, лже-дочь* императрицы Елизаветы княжна* Тараканова, декабристы, революционеры.

Летний дворец Петра I находится на территории Летнего сада, сейчас это одно из самых ста-

остров
памятник монумент
собор

крепость
гробница
тюрьма

лже-дочь фальшивая,
ненастоящая дочь
княжна принцесса, дочь
русского принца

Летний дворец Петра I

Большой Петергофский дворец

рых зданий* города. Трезини строил Летний дворец с 1710 по 1714 год. В небольшом двухэтажном здании всего четырнадцать комнат и две кухни. На первом этаже были комнаты царя, а на втором – комнаты его жены Екатерины и детей.

В начале XVIII века в Петербурге работали два европейских мастера: итальянец Бартоломео Карло Растрелли и французский королевский архитектор Жан-Батист Александр Леблон. Трезини и Леблон разработали первый план центра города, а в 1737 году главным архитектором Санкт-Петербурга стал Пётр Еропкин. Он разработал новые проекты центра Петербурга: Гороховая улица, Невский и Вознесенский проспекты стали главными артериями города. Улицы берут своё начало от Адмиралтейства и расходятся в разные стороны в форме лучей.*

В середине XVIII века гений барокко Бартоломео Франческо Растрелли построил Большой Петергофский, Зимний и Екатерининский дворцы.

Екатерининский дворец в Царском Селе

В 1779 году по приглашению Екатерины II в Петербург приехал шотландец Чарльз Камерон. Камерон работал в Царском Селе и Павловске в новом для России стиле классицизма. В стиле русского классицизма архитектор Андрей Воронихин построил Казанский собор. Император Павел I хотел, чтобы новое здание напоминало

**здание** дом
**в форме лучей** ⥣

7

Казанский собор

собор Святого Петра в Риме. Казанский собор – один из крупнейших храмов* Санкт-Петербурга. После Отечественной войны 1812 года собор стал памятником русским воинам.* В 1813 году здесь был похоронен генерал-фельдмаршал Михаил Кутузов.

В начале XIX века в Петербурге работала целая плеяда талантливых архитекторов: Андреян Захаров трудился над проектом нового Адмиралтейства, Карл Росси строил ансамбль Дворцовой площади с аркой Главного штаба и ансамбль Сенатской площади. Французский архитектор Огюст Монферран построил Исаакиевский собор и Александровскую колонну. Монферран подготовил удивительный проект конной статуи Николаю I. Этот проект закончил другой талантливый архитектор Пётр Клодт.

**храм** место религиозного культа

**воин** солдат, офицер, генерал

Адмиралтейство

Ансамбль Дворцовой площади с аркой Главного штаба

Памятник является шедевром* инженерной мысли: он имеет только две точки опоры.* Но самая известная конная статуя в Петербурге – это Медный всадник,* конная статуя Петру I работы Фальконе на Сенатской площади. Это один из символов города.

Во второй половине XIX века классицизм уступает место новым стилям под названием эклектика и модерн. ⬛

Исаакиевский собор и конная статуя Николаю I

Медный всадник,* конная статуя Петру I

шедевр уникальная картина, скульптура, здание

точка опоры база для монумента

Медный всадник
конная статуя императора Петра I из бронзы

# Балтийское море

# 3

На берегах Балтийского моря находятся девять стран: Россия, Эстония, Латвия, Литва, Польша, Германия, Дания, Швеция, Финляндия. Санкт-Петербург – это город-порт на берегу Финского залива* Балтийского моря и стратегически важный транспортный центр России, «окно в Европу». Гениальный русский поэт Александр Пушкин в своей поэме «Медный всадник» так написал о Петербурге:

**«Природой здесь нам суждено В Европу прорубить окно»**

Карта Балтийского моря

Выход России к морю давал возможность иметь флот и вести морскую торговлю* со странами Европы и всего мира.

Климат на Балтике умеренно-холодный, с холодной зимой и прохладным летом. Самый холодный месяц в городе – февраль со средней температурой воздуха минус 6 °C, а самый тёплый месяц – июль со средней температурой воздуха плюс 19 °C. Зимой здесь очень холодно, но это компенсируется особенной роман-

Фейерверк в День города

тической атмосферой севера, снега и зимы. Лучшее время для туризма и отдыха в Петербурге – это лето. В городе с конца мая до середины июля длится

**залив** часть океана или моря в материковой территории

**торговля** экономическая деятельность купли-продажи

10

Зима в Санкт-Петербурге

Снег

период белых ночей. Белые ночи – это символ Санкт-Петербурга. В это время в городе проходят различные фестивали, концерты и праздники, такие как музыкальный фестиваль «Звёзды белых ночей» и фестиваль джаза «Свинг белой ночи». 27 мая празднуется День города, а в конце июня проводится праздник школьников, «Алые паруса». В этот день фрегат* под алыми парусами* проходит по Неве под аккомпанемент классической музыки и грандиозного фейерверка. «Алые паруса» – это повесть Александра Грина, символ надежды и исполнения желаний.

«Алые паруса»

Вечером на Дворцовой площади проходит концерт.

Ещё «Балтика» – это название русского пива, которое делают в Петербурге. Компания «Балтика» начала работать в 1990 году. Пиво «Балтика» любят не только в России, оно экспортируется почти в 40 стран мира, среди которых Германия, Ирландия, Франция, США, Куба, Япония, Новая Зеландия.

Международный день Балтийского моря празднуется 22 марта.

Пиво «Балтика»

фрегат

алые паруса

# ⓔ 4 Война – Блокада Ленинграда

В 1918 году Ленин перенёс столицу России в Москву. В результате войны, революции, красного террора, голода* и эпидемий население города к 1920 году сократилось с двух с половиной миллионов до семисот сорока тысяч человек. В 1924 году, после смерти* Ленина, город переименовали в Ленинград в честь вождя* революции.

Блокада Ленинграда

22 июня 1941 года армия нацистской Германии атаковала СССР. В сентябре армия Гитлера была под Ленинградом, а в ноябре под Москвой. Ситуация стала катастрофической. Около миллиона человек эвакуировали из Ленинграда, около двух миллионов человек остались в городе. Блокада Ленинграда стала одной из самых трагических страниц истории XX века, это была самая долгая и самая страшная блокада за всю историю человечества. По плану Гитлера город должны были полностью

Блокада Ленинграда

уничтожить. Люди в городе были без еды, тепла, электричества и водопровода. 3 дней блокады в Ленинграде из двух миллионов человек осталось пятьсот тысяч жит

---

**голод** когда у людей нет еды, гуманитарная катастрофа

**смерть** антоним слова «жизнь»
**вождь** лидер

## Таня Савичева

Таня Савичева – маленькая девочка, школьница из Ленинграда. Она стала знаменитой на весь мир благодаря своему дневнику.* Таня и почти вся её семья погибли в период с декабря 1941 года по май 1942 года.

Дневник Тани Савичевой

В её дневнике девять страниц, там написаны даты смерти её матери, бабушки, сестры, брата и двух дядей. Дневник Тани стал символом блокады Ленинграда.

## «Ленинградская» Симфония Шостаковича

В городе, несмотря на блокаду, продолжалась культурная и интеллектуальная жизнь. Летом 1942 года были открыты библиотеки, театры и кинотеатры, работали городская филармония, театр музыкальной комедии, Ленинградское радио. 9 августа 1942 года в зале Ленинградской филармонии была премьера Седьмой «Блокадной» симфонии Дмитрия Шостаковича, дирижировал оркестром Карл Элиасберг.

Седьмая симфония Шостаковича в Ленинграде

27 января 1944 года закончилась блокада Ленинграда. 1 мая 1945 года Ленинград получил статус Города-Героя за героизм его жителей.

Медаль «За оборону Ленинграда»

**дневник** тетрадь, в которой человек пишет о своей жизни

# Гостиный двор

В центре большого русского города всегда находился гостиный двор. Это было место, где жили и торговали приезжие купцы.* Купец – это человек, который покупает и продаёт разные товары. Купцов в России называли «гости», отсюда и название «гостиный двор».

Борис Кустодиев. Купец, считающий деньги. Музей Иосифа Бродского

Гостиный двор – памятник истории и архитектуры XVIII века, его строили по проекту архитектора Жана Батиста Валлен-Деламота. Это был самый большой торговый комплекс в России, его периметр составлял более одного километра. В 1840 году Гостиный двор – одно из первых мест, где была газовая иллюминация. Всего в Большом Гостином дворе было 444 лавки,* там продавали одежду, галантерею,* посуду,* парфюмерию, ювелирные изделия, книги. В здании Гостиного двора также были банки, гостиницы, кафе и рестораны. Многие люди приходили сюда не только за покупками, но и на встречу с друзьями, на отдых и прогулки.

На территории Гостиного двора есть музей истории купечества Санкт-Петербурга и России. Экспонаты* музея – семейные фотографии купцов, открытки с рекламой, старые газеты, старые деньги, одежда из старых магазинов: перчатки, обувь, шляпы.

Борис Кустодиев. Купчиха. Русский музей

Сегодня Гостиный двор – это большой торговый центр. Магазины открыты с 10 часов утра до

**купец** бизнесмен
**лавки** магазины

**галантерея** (от французского «*galanterie*») магазин аксессуаров

**посуда** 🍽 ☕ ☕
**экспонат** предметы в музее

Гостиный двор

10 часов вечера. В Гостином дворе работают кондитерские, кафе, рестораны, здесь есть аптека, оптика, цветы, салон красоты, театральные кассы, туристическое агентство, обмен валюты, банкоматы, платёжные терминалы. Здесь работают более трёх тысяч российских и иностранных фирм. На первом этаже можно купить сувениры и товары для туристов. На втором этаже продаётся одежда. В настоящее время Гости-

Гостиный двор

ный двор предлагает покупателям почти два миллиона товаров. В 1998 году здесь была открыта галерея высокой моды с коллекциями самых престижных кутюрье Франции, Италии и Англии. ■

Гостиный двор

# Дворцы в пригородах Санкт-Петербурга

▶ 6

Каждый дворец в пригородах* Санкт-Петербурга имеет свою уникальную историю, каждый дворец удивительно красив и интересен.

## Петергоф

Петергоф (Петродворец) называют Русским Версалем, это был любимый дворец царя Петра I. Петергоф также называют фонтанной столицей. Это самый большой ансамбль в Европе: 4 огромных* каскада и около 150 фонтанов на площади в 48 квадратных километров. Французский архитектор Жан Батист Леблон руководил постройкой дворца с 1716 года, он

Большой Петергофский дворец

построил один из самых красивых фонтанов Петергофа и России – «Большой каскад». В 1746 году дочь Петра I, императрица Елизавета Петровна, решила перестроить дворец. Бартоломео Растрелли перестроил петровский дворец в стиле барокко, построил ещё один этаж и дворцовую церковь. В 1941 году Петергоф был оккупирован и разрушен* нацистами. Советские реставраторы восстановили* дворец.

Большой Петергофский дворец. Картинн

**пригороды** место рядом с городом
**огромный** очень большой

**был разрушен** был разбомблён

**восстановили** реставрировали

16

Царское Село. Екатерининский дворец

Царское Село. Церковь Воскресения Христова

# Царское Село

Царское Село (Пушкин) – это шедевр садо-во-паркового искусства,* памятник мировой архитектуры. Название этого города происхо-дит не от слова «царь», а от названия места на финском языке Saris hoff, что в переводе значит «возвышенное место».* Царское Село было любимым местом трёх императриц: Екатери-ны I, Елизаветы и Екатерины II. Екатерин-ский дворец и парки построены в стиле барок-ко архитекторами Браунштейном, Земцовом, Растрелли. Александровский дворец построен в стиле классицизма по проекту итальянского архитектора Кваренги. В Екатерининском двор-це находится знаменитая Янтарная* комната. Прусский король Фридрих Вильгельм I пода-рил её Петру I. Во время Великой Отечествен-ной войны она была украдена* нацистами, се-годня можно увидеть её отреставрированную копию. На реставрацию Янтарной комнаты ушло шесть тонн янтаря! Царское Село было переименовано в Пушкин в 1937 году, через сто лет после смерти поэта. Здесь всё напоминает о Пушкине. Детство и юность поэта прошли в

Царское Село. Екатерининский дворец

Царское Село. Янтарная комната

**искусство** графика, живопись, литература, музыка

**возвышенное место** место на холме

**янтарная** сделанная из янтаря
**была украдена** была взята незаконно

Царском Селе, в Лицее. Литературный критик Аполлон Григорьев так сказал о Пушкине: «Пушкин – наше всё». Пушкин – главный поэт России и создатель современного русского литературного языка. В 1941 году Царское Село было оккупировано и разрушено нацистами. Реставрация дворца началась в 1944 году и идёт до сих пор.

## Павловск

История Павловска начинается 12 декабря 1777 года, когда Екатерина II подарила земли в долине* реки Славянки своему сыну Павлу и его жене Марии Фёдоровне в день рождения их сына Александра.

Павловский парк и дворец

Павловский парк и дворец строили архитекторы Винченцо Бренна и Чарльз Камерон. Бренна построил парадные залы (Египетский вестибюль, Итальянский, Греческий и Тронный залы, Залы мира и войны), а также начал строительство большого парка вокруг дворца. Камерон был большим поклонником* великого итальянского архитектора XVI века Андреа Палладио. Большой

Павловский парк и дворец. Мост Кентавров

дворец в Павловске очень похож на виллу «Ротонда» в Италии. Камерон построил дворец, парк и ряд павильонов в Павловске. Внутренний интерьер оформляли архитекторы Воронихин, Росси и художник Гонзаго. Павловский парк стал одним из самых больших и самых красивых в Европе. В 1941 году Павловск был оккупирован и разрушен наци-

Интерьер Павловского дворца. Греческий зал

**долина** место вдоль реки или между гор

**поклонник** почитатель, фанат

Павловский парк. Павильон-ротонда «Храм дружбы»

стами. Реставрация закончилась в 1978 году, сегодня открыты 45 залов Павловского дворца.

## Ансамбли Гатчины и Ораниенбаума

Очень интересны ансамбли Гатчины и Ораниенбаума (Ломоносов). Гатчинский дворец был построен в виде старинного замка* архитекторами Ринальди, Бренна, Захаровым, Воронихиным. Дворец строился 15 лет, потом он несколько раз перестраивался в зависимости от моды и вкусов своих хозяев.

## Дворец Ораниенбаума

Дворец Ораниенбаума – подлинный,* оригинальный, это единственный дворец, который не был под нацистской оккупацией и не был разрушен. Дворец Петра III был построен в 1760-х годах по проекту архитектора Антонио Ринальди в стиле рококо. ⬤

замок 🏰
подлинный настоящий,
реальный

Большой дворец в Ораниенбауме

# Eкатерина II

7 августа 1782 года в Петербурге открывали новый памятник Петру I работы французского скульптора Фальконе. На памятнике была надпись: «Петру Первому Екатерина Вторая». Екатерина II видела себя преемницей* Петра I. Эпоха Екатерины Великой стала «золотым веком»* Российской империи. Пятнадцатилетняя немецкая принцесса София Августа Фредерика Ангальт-Цербстская приехала в Россию в качестве невесты* наследника русского трона.* Сразу после приезда девочка стала изучать русский язык, историю, православную религию,* русские традиции, она видела в России свою новую Родину. Немецкая принцесса София Августа стала российской императрицей Екатериной Великой, а её царствование – самым значимым* периодом в русской истории. Россия снова вышла к Чёрному морю, присоединила Крым и новые территории, построила сильный Черноморский флот. Екатерина II реформировала практически все сферы государственной жизни,

Портрет Екатерины II

Медный всадник, памятник Петру I работы Фальконе

**преемница** наследница
**«золотой век»** самый лучший период в истории
**невеста** будущая жена

**наследник русского трона** будущий император
**православная религия** одно из направлений

христианства, христианская религия в России
**значимый** очень важный

Памятник Екатерине II в Санкт-Петербурге

Зимний дворец. Георгиевский (Большой тронный) зал

образовала 29 новых губерний* и построила около 140 новых городов. В этот период открывались первые российские университеты, библиотеки, театры, публичные музеи. Екатерина II подарила России Эрмитаж. Интерес императрицы к искусству был также политическим, Екатерина II хотела иметь в глазах Европы репутацию просвещённой* императрицы и показать престиж России как великой европейской страны. Екатерина II писала письма французским философам: Вольтеру, Дидро, д'Аламберу. Вольтер очень ценил свою дружбу с русской императрицей, он называл Екатерину Северной Семирамидой.* Переписка* Вольтера и Екатерины II состоит из почти двухсот писем. После смерти Вольтера Екатерина II купила его библиотеку в Фернее, около семи тысяч книг по истории Франции и Европы, философии, юриспруденции, теологии, книги о театре, поэзии, науке и, конечно, книги Вольтера. Сейчас библиотека Вольтера находится в Российской национальной библиотеке в Санкт-Петербурге, которую основала Екатерина II в 1795 году. ◉

**губернии** регионы в России до революции 1917 года
**просвещённая** образованная, с высоким

уровнем интеллекта и культуры
**Семирамида** легендарная царица Ассирии

**переписка** письма, корреспонденция

# Железная дорога

Витебский (Царскосельский) вокзал

В России одна из самых больших железнодорожных* сетей* в мире, всего в Российской Федерации 124 тысячи километров железных дорог.

Первая пассажирская железная дорога из Санкт-Петербурга в Царское Село и в Павловск была открыта в 1837 году, её длина была 27 километров. Слово «вокзал» в XIX веке имело два значения: небольшой парк, место с ресторанами, залами для танцев и концертов (по аналогии с Vauxhall в Лондоне) и железнодорожная станция, как в Павловске, с рестораном и концертным залом. Пять лет Иоганн Штраус-сын дирижировал летними концертами при Павловском вокзале, оркестр играл лёгкую музыку, вальсы, польки. В Санкт-Петербурге был построен Царскосельский (сегодня Витебский) вокзал в стиле модерн по проекту архитектора Брзожовского. Это самый красивый вокзал в России.

Железную дорогу Петербург – Москва открыли в 1851 году. Её строили девять лет, это был технический и архитектурный шедевр времени, её длина была 650 километров. Сегодня путешествие в Москву займёт 10–12 часов ноч-

железная дорога,  сеть
железнодорожный

Витебский (Царскосельский) вокзал

Станция метро «Автово»

ным поездом и 4 часа скорым поездом. Железная дорога – герой многих русских романов, «Анна Каренина» начинается и заканчивается на станции железной дороги.

Ещё один технический и архитектурный шедевр в Петербурге – это метрополитен, одно из самых красивых метро в мире. Петербургский метрополитен открылся 15 ноября 1955 года. Сегодня тут работают 5 линий метро, 67 станций, 74 вестибюля, 263 эскалатора. Длина метро 114 километров. Каждый день поезда метро перевозят более трёх миллионов человек. Метро Санкт-Петербурга – самое глубокое в мире, станции проходят под Невой. Многие станции имеют оригинальный архитектурно-художественный интерьер. В 2014 году, по версии английской газеты the Guardian, станция «Автово» была в списке двенадцати самых красивых станций метро в мире. ◼

Станция метро «Автово»

# Зимний дворец

Зимний дворец и Дворцовая площадь

Дворцовая площадь и здание Главного штаба

Зимний дворец и Дворцовая площадь образуют* один из самых красивых архитектурных ансамблей Петербурга. Общая площадь дворца – около шестидесяти тысяч квадратных метров (60.000 м²). Здание имеет 1.084 комнаты, 1.476 окон, 117 лестниц. Длина по фасаду со стороны Невы – 210 метров, высота 23,5 метра. Рядом с Зимним дворцом находится один из символов города – разводной Дворцовый мост. Зимний дворец был официальной зимней резиденцией российских императоров до 1904 года. Дворец был построен в середине XVIII века архитектором Франческо Бартоломео Растрелли для императрицы Елизаветы Петровны.

образуют делают, формируют

24

Дворцовый мост

Растрелли использовал* в своём проекте стиль елизаветинского барокко с элементами французского рококо в интерьерах. На первом этаже были самые важные дворцовые интерьеры: Тронный зал, главная лестница, церковь, театр.

Посольская (Иорданская) лестница в Зимнем дворце

Во второй половине XVIII века Екатерина II пригласила мастеров классицизма для работы над интерьерами дворца. К середине XIX века сформировался архитектурный ансамбль Дворцовой площади. В 1834 году на Дворцовой площади была открыта Александровская колонна в честь победы русских войск в войне с Наполеоном.

Интерьер Зимнего дворца

В 1904 году Николай II перенёс императорскую резиденцию из Зимнего в Александровский дворец в Царском Селе. С октября 1915 года по ноябрь 1917 года во дворце работал военный госпиталь для раненных* на фронте солдат и офицеров. С июля по ноябрь 1917 года во дворце было Временное правительство. В ночь с 25 на 26 октября 1917 года большевики, революционные солдаты и матросы взяли Зимний дворец и арестовали Временное правительство. Дворец был разграблен,* но экспонаты Эрмитажа не пострадали. Так началась новая эпоха в жизни России. В залах Зимнего дворца стали показывать кино, проводить концерты, лекции, собрания. В 1917 году Эрмитаж стал государственным музеем.

■

**использовал** брал
**раненые** люди с
физическими травмами

в результате войны или
атаки террористов

**разграблен** стал жертвой
вандалов и бандитов

# История

| | |
|---|---|
| **16 (27) мая 1703 года** | Дата основания города. |
| 1703-1720 | Петербург интенсивно развивается, строятся улицы, дома, дворцы, соборы. |
| 1710 | Столицу переносят из Москвы в Петербург. |
| 1714 | Основан первый музей России – Кунсткамера. |
| 1725 | Основана Петербургская Академия наук. |
| 1728 | Открывается первая русская газета «Санкт-Петербургские ведомости». |
| 1741-1761 | Царствование Елизаветы, дочери Петра I. Архитектор Растрелли строит Зимний дворец, дворцы в Петергофе и Царском Селе. |
| 1756 | Основан первый публичный театр в России. |
| 1757 | Основана Императорская Академия художеств. |
| 1762-1796 | Царствование Екатерины II. «Золотой век» русского дворянства. |
| 1764 | Основан Эрмитаж. |

| 1795 | Основана Российская публичная библиотека. |
|---|---|
| 1801-1825 | Царствование Александра I. «Золотой век» искусства, поэзии, литературы, архитектуры. |
| 1812-1814 | Отечественная война России с Наполеоном. |
| 1825-1855 | Царствование императора Николая I. Формируется ансамбль Дворцовой площади, строится Исаакиевский собор. |
| 1837 | Первая пассажирская железная дорога из Петербурга в Царское Село. |
| 1860 | Основан Мариинский театр. |
| 1883-1907 | Строится храм Спаса-на-Крови на месте убийства императора Александра II. |
| 1895 | Основан Русский музей. |
| 1900-1914 | «Серебряный век» русской культуры. |
| 1905 | Первая русская революция. |
| 1914 | Начало Первой мировой войны. Город переименован в Петроград. |
| 1917 | Февральская и Октябрьская революции. |
| 1917-1921 | Гражданская война. Голод, эпидемии, культурная, политическая, демографическая, социальная катастрофы. |
| 1918 | Столицу переносят из Петрограда в Москву. |
| 1924 | Город переименован в Ленинград. |
| 1941-1944 | Блокада Ленинграда. 871 день. Самая страшная блокада города за всю историю человечества. |
| 1944-1950 | Восстановление города, заводов и фабрик. |
| 1991 | Городу вернули историческое название – Санкт-Петербург. |

# Каналы
# Летний сад

Санкт-Петербург – город, известный своими многочисленными* канала-ми. Санкт-Петербург называют Северной Венецией: город, как и Венеция, стоит на воде. Нева – это главная река города. Центральная часть северной столицы расположена* на 42 островах в дельте Невы. Один из самых боль-

Васильевский остров. Ростральные колонны и здание Биржи

Набережная реки Мойки

ших островов Петербурга – Васильевский остров. Пётр I хотел сделать Васильевский остров центром столицы. В начале XVIII века здесь построили первое каменное здание – дворец князя Меншикова. Здесь находится и первый музей города – Кунсткамера. Ростральные колонны* и здание Биржи* напоминают о том, что здесь находился городской торговый порт.

Канал Грибоедова – это любимое место прогулок жителей города и туристов. Через канал Грибоедова построен 21 мост. Всего в историческом центре Петербурга 342 моста. Самые красивые – Львиный и Банковский, уникальные пешеходные висячие мосты, построенные в 1826 году инженерами Треттером и Соколовым. Банковский мост украшают грифоны, а Львиный мост

---

**многочисленные** большое количество
**расположена** находится

**Ростральные колонны** колонны с ростами (от латинского «*rostrum*», нос корабля)

**биржа** структура для финансовых и торговых операций

Банковский мост

украшают фигуры львов. На берегу канала Грибоедова стоит храм Спаса-на-Крови. Собор построили в память о гибели в 1881 году русского императора Александра II от рук террористов.

Канал Грибоедова. Храм Спаса-на-Крови

Летний сад – это тоже остров, он находится между реками Невой, Фонтанкой, Мойкой и Лебяжьей канавкой. Летний сад строили как летнюю императорскую резиденцию Петра I. Архитектор Доменико Трезини построил каменный Летний дворец, а над садом работал Иван Угрюмов. Сад стал местом праздников, ассамблей, балов и фейерверков. Скульптуры для Летнего сада Пётр I привозил из Италии. Сегодня в Летнем саду можно увидеть 92 скульптуры.

Летний сад

Это бюсты Александра Македонского, Юлия Цезаря, Траяна, статуи героев античной мифологии и аллегоричные скульптуры «Ночь», «Полдень», «Утро», «Закат», «Навигация», «Астрономия», «Амур и Психея». Мраморные оригиналы скульптур находятся в залах Михайловского замка. ◉

# Музеи

Петербург – это музей под открытым небом и культурная столица России, город, где каждое здание, улица, площадь, проспект* – памятники архитектуры. Исторический центр Петербурга и дворцово-парковые ансамбли пригородов находятся в списке ЮНЕСКО. Всего в Санкт-Петербурге работают более 200 (двухсот) музеев и их филиалов.

**Кунсткамера** – это первый музей России, его основал Пётр I в 1714 году. Сейчас это Музей антропологии и этнографии. Здесь находятся предметы культуры народов мира, а также известная коллекция анатомических аномалий.

**Русский музей** – это самый большой в мире музей русского искусства, уникальный архитектурно-художественный комплекс в историческом центре Петербурга. Русский музей открылся для публики в 1898 году. Это был первый в России государственный музей русского искусства. Здесь около 400.000 (четырёхсот тысяч) экспонатов: около 6.000 (шести тысяч) икон XII–XVII веков, картины пе-

**проспект** большая, длинная, широкая и прямая улица

Кунсткамера

Русский музей

Русский музей

риодов классицизма, романтизма, реализма. Здесь можно увидеть «Последний день Помпеи» Карла Брюллова, картины художника-мариниста Ивана Айвазовского, пейзажи Ивана Шишкина, работы художников русского авангарда Малевича, Кандинского, Шагала.

**Эрмитаж** – самый популярный и самый большой музей в России. Всего в Эрмитаже более трёх миллионов экспонатов.

Эрмитаж

В Петербурге жили и работали известные поэты и писатели. Музей-квартира Пушкина находится на набережной* Мойки, 12. В этом доме поэт прожил последние месяцы жизни. Центральная экспозиция музея Достоевского – квартира писателя. В кабинете Достоевского можно увидеть его письменный стол и книги из личной библиотеки.

Музей-квартира А.С. Пушкина

Дворцы, церкви и соборы Петербурга открыты для туристов: Строгановский дворец, Шереметевский дворец (Музей музыки), Петропавловский, Исаакиевский, Казанский соборы.

Подводная лодка* С-189 – один из самых интересных и необычных музеев города. ■

набережная улица вдоль берега реки

подводная лодка

Подводная лодка С-189

# Невский проспект и салат «Оливье»

Невский проспект

Невский проспект. Дом компании «Зингер» («Дом книги»)

## Невский проспект

Невский проспект – это самая главная улица города и одна из трёх центральных улиц Петербурга, которые берут своё начало от Адмиралтейства. Невский проспект соединяет Дворцовую площадь с Александро-Невской Лаврой,* отсюда и название – Невский проспект. В Лавре находятся мощи* национального героя России, святого* Александра Невского. На Невский проспект выходят фасады 240 (двухсот сорока) зданий. Каждый дом имеет свою историю. Невский проспект всегда был центром культурной жизни Петербурга. Сегодня здесь находятся соборы, музеи, театры и концертные залы, известные галереи, банки, отели, кафе. Историческое здание дома Зингера – это знаменитый книжный магазин, один из центров культурной и интеллектуальной жизни города. Очень интересен «Елисеевский магазин» со своим фасадом, витражами,*

**Лавра** мужской православный монастырь с большим историческим и духовным значением

**мощи** останки людей, которые были канонизированы церковью и официально признаны святыми

**святой** человек, близкий к Богу и канонизированный церковью

**витражи**

Невский проспект. «Елисеевский магазин»

Невский проспект. «Елисеевский магазин»

скульптурами и богатым интерьером в стиле модерн. Самые лучшие рестораны Петербурга находятся тоже на Невском проспекте.

## Салат «Оливье»

Обязательно закажите в ресторане салат «Оливье». В Европе его называют «Русским салатом», а в России – «Оливье». Почему «Оливье»? Потому что «Оливье» – это салат и человек. Люсьен Оливье – так звали московского повара французского происхождения, который придумал* этот салат.

## Современный рецепт салата «Оливье»

Ингредиенты: 200 граммов варёной колбасы или курицы, 300 граммов картофеля, 100 граммов солёных огурцов, 4 яйца, 350 граммов зелёного горошка, 100 граммов моркови, 50 граммов майонеза, соль и перец по вкусу.

Картофель, морковь, яйца отварить и нарезать кубиками. Колбасу (или варёную курицу) и огурцы нарезать кубиками, добавить картофель, морковь, яйца и зелёный горошек. Посолить, заправить майонезом «Провансаль» (майонез «Провансаль» придумал тоже Оливье!) и перемешать. Приятного аппетита!

Салат «Оливье»

придумать сделать что-то, используя свою фантазию

# Пётр I

Пётр был младшим сыном царя Алексея Михайловича от второго брака* с Натальей Нарышкиной. В первые годы царствования Петра его враги* группировались вокруг его старшей сестры. Царевна Софья была регентом, она жила в Кремле. Софья отправила Петра и его мать в село Преображенское под Москвой. В то время под Москвой была Немецкая слобода,* там жили и работали иностранцы.* Пётр любил ходить в Немецкую слободу и слушать рассказы о европейских традициях и культуре. Там Пётр нашёл себе учителей и учился у них математике, геометрии и военным играм. Пётр сделал из своих друзей маленькую армию. Он учил их маршировать, стрелять и воевать. Царевна Софья хотела быть царицей, она готовила переворот,* но Пётр победил своих врагов и отправил Софью в монастырь. В семнадцать лет Пётр стал царём. В XVII веке в России был политический и экономический кризис. Пётр I понимал, что нужно было реформировать страну. В 1697 году царь поехал в Европу инкогнито вместе с официальной делегацией.

Портрет Петра I

Корабельные верфи. Строительство нового флота

---

**брак** женитьба или замужество
**враг** антоним слова «друг»
**Немецкая слобода** место поселения под Москвой

европейцев разных национальностей
**иностранцы** люди из других стран

**переворот** смена власти в государстве неконституционным способом

Пётр I. Музей восковых фигур в Санкт-Петербурге

Пётр I хотел всё узнать и увидеть, он ходил на корабельные верфи, фабрики, заводы. Пётр I жил в Лондоне, Саардаме и Амстердаме. Царь-реформатор прожил в Европе 15 месяцев и выучил 14 профессий. Когда Пётр приехал в Россию, он стал проводить реформы в армии, строил флот, фабрики и мануфактуры, открывал школы,

Домик Петра I

новые типографии, писал гражданскую азбуку, переводил иностранные книги на русский язык. Работа Петра была титанической. Для развития торговли и экономики России нужен был выход к Балтийскому морю. Берега эти контролировали шведы. Так началась Северная война. Северная война России со Швецией длилась 21 год (с 1700 года по 1721 год) и закончилась победой России.

В 1703 году в дельте реки Невы на берегу Балтийского моря Пётр основал новый город – Санкт-Петербург, будущую столицу Российской империи. ■

Гробница Петра I в Петропавловском соборе

# Революция СССР

Революционные солдаты на улицах Петрограда

1 августа 1914 года Германия объявила войну России. Началась Первая мировая война, результатом которой стала мировая катастрофа.

В России была атмосфера всеобщей эйфории и веры в победу. Петербург переименовали в Петроград. Но постепенно* на смену первому патриотическому энтузиазму пришёл глубокий пессимизм. В стране наступил экономический, политический и социальный кризис. Многие были недовольны политикой Николая II, популярность императора стремительно* падала.

23 февраля 1917 года в Петрограде началась демонстрация. Люди шли по улицам столицы с лозунгами: «Хлеба!» и «Долой войну!».* Через несколько дней начался хаос революции. Результатом Февральской революции стало отречение* Николая II от трона. 1 сентября 1917 года Временное правительство объявило Россию республикой. Демаго-

Крейсер «Аврора»

**постепенно** шаг за шагом, поэтапно, не сразу
**стремительно** очень быстро

**«Долой войну!»** нет войне, остановите войну
**отречение от трона** официальный,

формальный отказ императора от трона

гия, популизм, непрофессионализм Временного правительства привели к новой катастрофе. В ночь с 25 на 26 октября 1917 года большевики, революционные солдаты и матросы совершили государственный переворот. Крейсер «Аврора» дал сигнал к штурму* Зимнего дворца, где было Временное правительство. Россия стояла на пороге* анархии, хаоса, эпидемий, Гражданской войны и красного террора. За четыре года Первой мировой и три года Гражданской войны погибли или стали инвалидами более двадцати миллионов человек.

Революционный плакат

Владимир Ленин

## СССР

29 декабря 1922 года был подписан Договор об образовании* Союза Советских Социалистических Республик (СССР) на территории бывшей Российской империи без Финляндии, Польши и Прибалтики. Столицей первого социалистического государства стала Москва.

Сегодня в Петербурге можно увидеть символ Октябрьской революции крейсер «Аврора» и музей политической истории России. Здесь находятся десятки тысяч уникальных экспонатов по революционной тематике. ∎

**штурм** (от немецкого «*Sturm*») атака

**на пороге** в самом начале

**договор об образовании** документ о создании

# Театры Уланова

В Санкт-Петербурге работают более 100 театров и театральных групп. Самыми известными* театрами считаются Мариинский и Александринский.

Александринский театр

Первый профессиональный публичный театр в России был основан императрицей Елизаветой в 1756 году. Директором труппы* был «отец русского театра» Фёдор Волков. С 1832 года театр стал называться Александринским в честь жены императора Николая I. Новое здание театра было построено архитектором Карлом Росси.

В 1785 году был открыт придворный Эрмитажный театр на 250 мест. Театр был построен для императорской семьи и императорского двора. Сегодня здесь можно увидеть балеты «Лебединое озеро», «Корсар», «Дон Кихот», «Спящая красавица», «Щелкунчик».*

Эрмитажный театр

Анна Павлова

**известный** популярный, его все знают

**труппа** (от французского «*troupe*») актёры и актрисы в театре

**Щелкунчик** 🪆

38

Мариинский театр

Мариинский театр – театр оперы и балета в Санкт-Петербурге – один из самых известных театров России и мира. В его залах всегда аншлаги.* Мариинский театр – символ русской культуры, здесь работали композиторы Глинка, Чайковский, Римский-Корсаков, здесь родился классический балет Мариуса Петипа. Театр был основан императрицей Екатериной II в 1783 году. Новое здание строил в 1860 году русский архитектор итальянского происхождения Альберт Кавос. На сцене Мариинского театра танцевали балерины Матильда Кшесинская, Агриппина Ваганова, Анна Павлова, а в 1930–1940-х годах прима-балерина Галина Уланова. «Обыкновенная богиня», – сказал об Улановой Алексей Толстой, а Сергей Прокофьев назвал её «гением русского балета». Её лучшие роли были Жизель, Одилия-Одетта в «Лебедином озере», Золушка* и Джульетта. На гастролях в Лондоне в 1956 году Уланова имела триумфальный успех. Такого успеха никто не видел со времён Анны Павловой. ■

Марка с изображением Галины Улановой

Русский балет

аншлаг (от немецкого «*Anschlag*») все билеты на концерт или спектакль проданы

Золушка

# Фаберже

Музей Фаберже в Санкт-Петербурге

Яйцо-часы «Шантеклер Кельха». Музей Фаберже

Карл Фаберже – известный российский ювелир.* Его семья имела французские, немецкие и датские корни.* В 1842 году отец Фаберже открыл свою ювелирную фирму в Санкт-Петербурге. Карл Фаберже много учился и путешествовал по Европе. Он изучал ювелирное искусство в Дрездене и Франкфурте. В возрасте 24 лет он взял фирму отца в свои руки. В 1882 году на Всероссийской выставке* в Москве император Александр III увидел ювелирные изделия* фирмы Фаберже. Императору они очень понравились, он сделал Фаберже «ювелиром Его Императорского Величества». В 1900 году в Париже Карл Фаберже получил звание «мастера Парижской гильдии ювелиров» и орден Почётного легиона.

**ювелир** (от французского *«joyau»*, немецкого *«Juwelier»* и английского *«jewel»*) специалист по изготовлению ювелирных изделий

**корни**

**выставка** экспозиция

**изделия** продукция

Сувениры в стиле Фаберже

Самые известные изделия фирмы – это пасхальные яйца.* Яйца Фаберже стали эмблемой богатства императорского дома и дореволюционной России. Фаберже и ювелиры его фирмы создали первое яйцо в 1885 году. Оно было заказано императором Александром III как пасхальный сюрприз для его жены Марии Фёдоровны. Яйца изготавливались из золота,* серебра,* драгоценных камней.* После революции 1917 года судьба Фаберже была трагична. Новая власть уничтожала* старую Россию. В 1918 году Фаберже был вынужден уехать из страны. Через два года он умер в Лозанне.

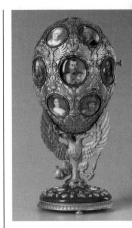

Из 71 известного яйца до наших дней дошло 65. Коллекция очень пострадала во время революции. В 1930-х годах по приказу Сталина 14 яиц Фаберже из 24 были проданы, некоторые по цене меньше чем 400 долларов США. Сегодня 10 яиц Фаберже находятся в Кремле, а 11 яиц вернулись в Санкт-Петербург: 19 ноября 2013 года в Санкт-Петербурге был открыт частный Музей Фаберже. Главный экспонат музея – 9 императорских пасхальных яиц Фаберже из коллекции американского миллиардера Малькольма Форбса. Коллекция была куплена Виктором Вексельбергом за 110 миллионов долларов и возвращена в Петербург в 2004 году.

Пасхальное яйцо Фаберже «300-летие дома Романовых». Московский Кремль

| | | | |
|---|---|---|---|
| пасхальные яйца  | серебро  | уничтожать |
| золото | драгоценные камни  | ликвидировать |

# Художники

Самая большая в мире коллекция русского изобразительного искусства* находится в Русском музее. Художники Санкт-Петербурга XIX века формировались на основе традиций Академии художеств. Императорская Академия художеств была основана в 1757 году. Программа Академии была ориентирована не только на европейскую школу, но и на русские традиции.

Карл Брюллов. Последний день Помпеи. Русский музей

Одним из самых известных художников начала XIX века был Карл Брюллов, великий мастер портрета. Брюллов окончил Академию с золотой медалью и получил возможность поехать в Италию, где жил и работал тринадцать лет. Главная работа художника – картина «Последний день Помпеи».

Илья Репин ещё при жизни стал классиком русского искусства. Гениальный мастер реализма, Репин

Илья Репин. Бурлаки на Волге. Русский музей

**изобразительное искусство** картины, графика, иконы, скульптура

42

писал картины на разные темы: история, религия, бедность, социальные проблемы, красота человека и природы. Картина «Бурлаки на Волге» произвела сенсацию в России и Европе.

Мастером пейзажа считается Иван Шишкин, русский художник-пейзажист, академик, профессор, руководитель пейзажной мастерской Академии художеств. Картины Шишкина поражают реализмом, мастерством и чувством любви к родной земле и её природе.

Иван Шишкин. Зима. Русский музей

Иван Айвазовский – знаменитый русский живописец-маринист, автор более 6 тысяч картин, рисунков и акварелей. В Русском музее находятся 54 работы великого мариниста. Главным героем его картин всегда было море: шторм или штиль, день или ночь, море для него было смыслом всей жизни.

Иван Айвазовский. Девятый вал. Русский музей

Один из самых «русских» художников – Борис Кустодиев. Портретист, театральный художник, декоратор, академик живописи, Кустодиев разработал уникальный жанр портрета-картины. «Купчиха за чаем» – самый яркий пример его творчества.

Русский авангард в Русском музее представлен работами Малевича, Кандинского, Шагала.

Борис Кустодиев. Купчиха за чаем. Русский музей

# Цари

Герб Российской империи

Слово «царь» пришло в русский язык из латыни с именем императора Юлия Цезаря. Соседи* римлян – готы, сербы, болгары стали называть своих правителей на римский манер. Немецкое «Keiser» («кайзер»), болгарское и сербское «цар», русское «цесарь», «кесарь» и позднее «царь» берут начало от латинского слова «Caesar». Первым русским царём был Иван IV Грозный. Он считал себя наследником* православной Византийской империи. Его бабушкой была Софья Палеолог, племянница последнего византийского императора. Двуглавый орёл,* герб династии Палеологов, стал гербом российских царей и императоров.

Корона Российской империи

Первым русским царём из династии Романовых стал царь Михаил Фёдорович в 1613 году. Романовы правили Россией триста лет, «от Михаила до Михаила», это была одна из самых значимых монархических династий во всём мире. Среди самых известных монархов России – царь-реформатор Пётр I, императрица-просветительница Екатерина II, победитель Наполеона Александр I, царь-освободитель Александр II, царь-миротворец Александр III, последний царь Николай II. Судьба Александра II была трагична. В 1861 году Александр II отменил крепостное право,* провёл территориальную, финансовую, судебную,* военную, школьную

Храм Спаса-на-Крови

**соседи** люди, которые живут рядом с нами
**наследник** человек, который получает трон после умершего монарха

**двуглавый орёл** 🦅
**крепостное право** феодальная форма зависимости крестьян от феодала

**суд, судебная власть** орган, который контролирует разрешение правовых конфликтов в государстве

Интерьер храма Спаса-на-Крови

реформы. К сожалению, либеральные реформы дали начало радикальным террористическим идеям. 1 марта 1881 года Александр II был убит террористами. На месте его смерти построили один из самых красивых соборов в Петербурге, храм Спаса-на-Крови. Судьба его внука, императора Николая II, была не менее трагичной. В результате февральской революции 1917 года Николай подписал отречение в пользу брата Михаила, но Михаил тоже отрёкся от трона. Это был конец монархии в России. 9 марта 1917 года последний российский император вместе с семьёй был арестован, а 17 июля 1918 года они все были расстреляны большевиками в Екатеринбурге. ∎

Николай II и его семья

Последний Российский
император Николай II

# Чайковский «Щелкунчик»

Пётр Ильич Чайковский – русский композитор, педагог,* дирижёр и музыкальный критик. Родители Чайковского очень любили музыку. Маленький Пётр уже в возрасте пяти лет умел играть на фортепиано. В 1862 году Чайковский поступил в консерваторию, а после её окончания работал профессором в Москве. Композитор писал музыку почти во всех жанрах, он написал 10 опер, 3 балета, 7 симфоний, 104 романса. Знакомство Чайковского с Мариусом Петипа навсегда изменило балет. Конец XIX века в балете называют «эпохой Петипа». На сцене Мариинского театра в Петербурге Петипа поставил балеты на музыку Чайковского «Щелкунчик» и «Лебединое озеро».

«Лебединое озеро» – самый известный балет мира, он входит в репертуар многих театров. В основе сюжета* – старинная немецкая легенда о прекрасной принцессе Одетте, которую злой колдун* Рот-

Пётр Ильич Чайковский

Балет «Лебединое озеро»

**педагог** учитель
**сюжет** содержание, тема, фабула

**колдун**

46

Балет «Лебединое озеро»

Щелкунчик

барт превратил в белого лебедя.* Немцы говорят, что Чайковский написал музыку к балету после путешествия в Германию, где он увидел озеро Шванзее (Schwansee). Это очень красивое место недалеко от замка короля* Баварии Людвига II (Neuschwanstein). Мы не знаем точно, правда это или легенда.

**«Щелкунчик»** – ещё один знаменитый балет Чайковского. «Щелкунчик» стал традиционной рождественской* сказкой,* которую любят

Балет «Щелкунчик»

и дети, и взрослые. Либретто балета написал Мариус Петипа по мотивам сказки Гофмана «Щелкунчик и Мышиный Король». Премьера «Щелкунчика» была на сцене Мариинского театра в декабре 1892 года. Действие балета происходит в старинном немецком городке в канун* Рождества. На праздник в дом Штальбаумов приходят гости, среди них мастер игрушек Дроссельмейер. Он дарит детям, Мари и Фрицу, подарок – Щелкунчика. Щелкунчик – заколдованный принц, он вступает в бой с Королём мышей и побеждает его. Мари превращается в прекрасную девушку, а Щелкунчик – в прекрасного принца. Они танцуют под звёздным небом. Начинается путешествие в сказочную страну. ■

лебедь
король

**Рождество** религиозный праздник христиан, день рождения Иисуса Христа

**сказка** история для детей
**в канун Рождества** ночь перед Рождеством

# ▶ 21 Шоколад

Чайный сервиз из коллекции Царского Села

Русский самовар

Первые кофейни были в Петербурге уже в начале XVIII века. Пётр I привёз в Россию из Европы картофель, помидоры, кукурузу,* табак и кофе. Кофе стал популярным напитком, его пили все – и богатые, и бедные.

В середине XVIII века в Европу пришла мода на шоколад. Чашка горячего шоколада на десерт стала атрибутом богатства и респектабельности.

В Петербурге открывались первые кофейные дома, там можно было заказать кофе, мороженое,* шоколад, фрукты, лимонад, пирожные.* Первые кондитерские в городе стали открываться в начале XIX века. Кафе и кондитерские выписывали журналы и газеты для своих клиентов и становились литературными клубами. Одним из самых популярных мест в

Музей шоколада в Петербурге

кукуруза
мороженое
пирожные

48

Петербурге в XIX веке была знаменитая кондитерская «Кафе Вольфа и Беранже». Именно в этой кондитерской 27 января 1837 года великий русский поэт Александр Пушкин встретился со своим секундантом Константином Данзасом в день роковой дуэли с Жоржем Дантесом. Сегодня здесь находится ресторан «Литературное кафе». В меню ресторана – русские и французские блюда, которые готовятся по старинным рецептам пушкинской эпохи. По вечерам с 7.00 до 11.00 в ресторане играет музыка: рояль,* аккордеон,* труба,* контрабас.*

Экспонат музея шоколада

Кафе «Зингеръ» в «Доме книги» – ещё одно историческое кафе Петербурга с видом на Казанский собор и Невский проспект, идеальное место для чашечки кофе или встречи с друзьями.

Очень популярна среди туристов кофейня при «Магазине Купцов Елисеевых». Магазин находится в центре Петербурга, на углу Невского проспекта и Малой Садовой улицы. Гастроном* №1 Российской империи

Малая Садовая улица – пешеходная улица в центре Петербурга

открыли в 1903 году. Дом был построен архитектором Барановским в стиле модерн. Сегодня здесь можно купить рыбные и мясные деликатесы, ароматные специи, алкоголь, французские десерты от шеф-кондитера и шоколад ручной работы. На углу Невского проспекта и набережной Мойки находится Музей шоколада. Экспонаты музея можно не только посмотреть, но и съесть.

⏹

**рояль**
**аккордеон**

**труба**
**контрабас**

**гастроном** продуктовый магазин

# Эрмитаж

Здание Эрмитажа

Лоджии Рафаэля в Эрмитаже

Эрмитаж – один из самых больших художественных музеев мира. В коллекции Эрмитажа более трёх миллионов экспонатов: скульптура античного мира, живопись\* Западной Европы, России и стран Востока, графика, нумизматический материал. Эрмитаж посещают более трёх с половиной миллионов туристов в год. В настоящее время музейный комплекс состоит из Зимнего дворца, Малого Эрмитажа, Старого Эрмитажа, Эрмитажного театра и Нового Эрмитажа.

Коллекции музея формировались на протяжении длительного времени. В 1764 году императрица Екатерина II купила более 200 (двухсот) картин у немецкого купца Гоцковского. Эта дата традиционно считается годом рождения музея Эрмитаж. Название «Эрмитаж» (от французского «ermitage») означает в переводе на русский язык «жилище отшельника».\* Здесь императрица любила отдыхать, слушать музыку, смотреть спектакли, говорить с друзьями. Все залы Эрмитажа были украшены

Рыцарский зал

живопись картины, которые художник пишет масляными красками

отшельник одинокий монах

50

картинами. Лоджии Рафаэля в Ватикане так понравились Екатерине II, что она решила создать в Эрмитаже точную их копию. Императрица покупала целые коллекции через дипломатов и специальных агентов в Париже, Лондоне, Риме. Были куплены коллекции Брюля, Кроза,

Интерьеры Нового Эрмитажа

Уолпола, библиотеки Вольтера и Дидро. В 1814 году император Александр I купил 38 картин и 4 скульптуры из Мальмезонской коллекции первой жены Наполеона Жозефины Богарне. Самыми интересными картинами из Мальмезонской галереи были «Снятие с креста» Рембрандта, «Снятие с креста» Рубенса, «Ферма» Поттера, «Бокал лимонада» Терборха, «Утро», «День», «Вечер» и «Ночь» Лоррена, скульптуры Кановы «Геба», «Парис», «Танцовщица», «Психея и Амур». В 1826

году в Эрмитаже была создана галерея героев войны 1812 года. Художники Доу, Голике и Поляков писали десять лет 332 (триста тридцать два) портрета генералов-героев Отечественной войны с Наполеоном. В 1861 году в Риме была куплена знаменитая коллекция Кампана: античные статуи, античные вазы, римские саркофаги.

Военная галерея 1812 года

В Эрмитаже находятся две картины Леонардо да Винчи. «Мадонна с младенцем» появилась* в Петербурге в 1865 году, её продал из своей галереи в Милане герцог Литта. В 1914 году картина Леонардо да Винчи «Мадонна с цветком» из коллекции Бенуа украсила залы Эрмитажа. Итальянская живопись в Эрмитаже представлена* работами Рафаэля «Мадонна Ко-

Леонардо да Винчи. Мадонна Литта

картина появилась
картину привезли

представлена показана

Рафаэль. Мадонна Конестабиле

Караваджо. Лютнист

нестабиле» и «Святое семейство», картинами Джорджоне, Тициана, Караваджо, Рени, Тьеполо, Гварди. В коллекции фламандской живописи более 500 (пятисот) картин, среди них работы Рубенса, Ван Дейка, Йорданса. В коллекции голландской живописи более 1000 (тысячи) картин, это одна из самых больших коллекций голландских художников в мире. Здесь можно увидеть работы Рембрандта, Терборха, Поттера. Французская живопись представлена картинами Пуссена, Ватто, Буше, Грёза, Шардена, Фрагонара, Давида, Энгра, Делакруа. Особое место занимает коллекция импрессионистов (Моне, Ренуар, Писсаро, Сислей, Дега), постимпрессионистов (Сезанн, Гоген, Ван Гог), 37 (тридцать семь) работ Анри Матисса и 31

Рембрандт. Возвращение блудного сына

(тридцать одна) картина Пикассо. В Эрмитаже находится единственная в России картина Гейнсборо, «Дама в голубом», одна из самых красивых и поэтичных работ мастера.

После революции 1917 года Эрмитаж стал государственным музеем. Чёрная страница в истории музея – распродажа большевиками шедевров в 1920-х и 1930-х годах, среди них работы Ван Эйка, Тициана, Ватто, Рембрандта, Боттичелли и Рафаэля.

Сегодня для туристов открыты 350 (триста пятьдесят) залов Эрмитажа. Для осмотра всех экспозиций необходимо пройти 20 (двадцать) километров. В музее живут 50 (пятьдесят) котов, их называют нештатными* работниками музея. В 1745 году императрица Елизавета приказала присылать во дворец котов для охоты на мышей и крыс. Екатерина II дала котам статус «охранников картинных галерей». У каждого кота есть свой паспорт, лоток и корзинка для сна. Коты могут свободно гулять по Эрмитажу, однако вход в музейные залы им

Знак «Осторожно, кошки!» в Эрмитаже

Эрмитажный кот Ахилл

воспрещён.* Эрмитажный кот Ахилл стал официальным оракулом на чемпионате мира по футболу 2018 года. Он правильно предсказал победу сборной России над командой Саудовской Аравии в первом матче чемпионата.

**нештатный** не входит в штат работников музея

**вход воспрещён** нельзя войти, хода нет

# 23

# *Ю*супов

Муж племянницы* императора Николая II, князь Феликс Юсупов, вошёл в историю как убийца* Григория Распутина. Григорий Распутин – мистический и роковой персонаж в русской истории. Распутин имел большое влияние на семью российского императора Николая II. В семье Романовых была большая трагедия: у наследника трона,

Дворец Юсуповых на Мойке

царевича Алексея, была гемофилия.* Эту генетическую болезнь царевич получил от своей прабабушки, английской королевы Виктории. В то время в медицине не было терапии против гемофилии. Врачи не знали, что делать. Распутина пригласили ко двору в 1907 году, когда мальчику было очень плохо. В тот раз Григорий Распутин смог помочь царевичу Алексею. В Петербурге говорили, что у Распутина был гипнотический дар, и экзальтированная императрица верила ему безгранично.

Фигура Распутина вокруг царской семьи вызвала много скандалов. Все в Петербурге были против него. В своей книге «Конец Распутина» Юсупов писал, что в декабре 1916 года он пригласил Распутина на ужин в свой дворец на Мойке. В пирожных и напитках для Распутина был цианистый калий. Однако яд* не подействовал.

Дворец Юсуповых на Мойке. Парадная лестница

Юсупов, его английский друг Освальд Рейнер и депутат Думы Пуришкевич стреляли в Распутина из пистолетов,* но тот смог убежать из двор-

---

**племянница** дочь сестры или брата
**убийца** человек, совершивший убийство

**гемофилия** генетическая болезнь крови
**яд** вещество, которое

вызывает смерть человека
**пистолет**

Валентин Серов. Князь Феликс Юсупов

Князь Феликс Юсупов с женой Ириной Романовой

ца на улицу. Убийцы побежали за ним, догнали его и бросили в реку. Фигура Распутина осталась для нас большой загадкой.\* В своём последнем письме к императору Николаю II Распутин предсказал точную дату своей смерти, революцию, убийство царской семьи и конец династии Романовых.

После революции Феликс Юсупов уехал в эмиграцию и дожил в Париже до 80 лет. В эмиграции он и его жена Ирина открыли модный дом IrFe. В роли работниц и моделей там работали русские аристократки. Одной из моделей IrFe была красавица Натали Палей, дочь Великого князя Павла Александровича Романова. Впоследствии Натали Палей стала лицом Vogue и актрисой в Голливуде. ◼

Григорий Распутин

**загадка** секрет, тайна

# Якорь

Санкт-Петербург – портовый город. Сегодня порт Санкт-Петербурга находится на втором месте среди портов Балтики (после Копенгагена) по количеству пассажиров.

Город строился как крепость и порт на берегах Невы для выхода в открытое море. Балтийский флот имел большое значение для России, он стал основой военно-морского флота Российской империи. На гербе и флаге Санкт-Петербурга находятся два якоря:* речной и морской. Историческими символами города стали также Медный всадник, кораблик на шпиле Адмиралтейства* и ангел на шпиле Петропавловского собора.

Медный всадник – конный памятник Петру I на Сенатской площади в Санкт-Петербурге. Памятник сделан из бронзы, но в XIX веке в русском языке слово «медь»* значило также бронзу, поэтому у статуи название «медный». Пьедесталом памятника стал гигантский гранитный блок. По местной легенде, эту форму камень приобрёл в результате удара молнии.* Конная статуя Петра I стала объектом городских

Герб Санкт-Петербурга

Кораблик на шпиле Адмиралтейства*

Ангел на шпиле Петропавловского собора

якорь
**медь** химический элемент (химический символ Cu), пластичный металл золотисто-розового цвета

**удар молнии**

легенд и популярной темой в русской литературе. Своё название памятник получил после выхода поэмы Пушкина «Медный всадник».

Силуэт Дворцового моста

Кораблик на Адмиралтействе – это стилизованная модель парусного военного корабля XVIII века, он был символом того, что Россия стала морской страной. Первый кораблик-флюгер на шпиле Адмиралтейства был уже в 1719 году. Сегодня мы видим новый кораблик, его поставили в 1886 году во время реконструкции. Высота шпиля – 72 метра, высота кораблика – почти 2 метра, вес – 65 килограммов, включая 2 килограмма сусального золота.

Высота Петропавловского собора – 122 метра, это самое высокое здание в городе. По местной легенде, Пётр I хотел поставить ангела-хранителя над своим городом. Идею реализовал архитектор Доменико Трезини. Это уже четвёртая фигура в истории Петербурга. Высота шпиля – 40 метров, высота ангела – 3,5 (три с половиной) метра, высота креста – 6,5 (шесть с половиной) метров, вес ангела с крестом – 250 килограммов. ⬛

Медный всадник

# Упражнения после чтения

## 1 Найдите правильный ответ.

1 Санкт-Петербург → а ☑ был основан Петром I.
                    б ☐ был основан Екатериной II.
                    в ☐ был основан Александром III.

2 Дата основания   а ☐ 16 (27) мая 1603 года.
  города –         б ☐ 16 (27) мая 1703 года.
                    в ☐ 16 (27) мая 1803 года.

3 Санкт-Петербург   а ☐ строили по архитектурному плану.
                    б ☐ строили без архитектурного плана.
                    в ☐ строили медленно.

4 Первым         а ☐ был Андреа Палладио.
  архитектором   б ☐ был Доменико Трезини.
  города          в ☐ был Карл Росси.

5 Петергоф      а ☐ Русским Версалем.
  называют      б ☐ Русской Пальмирой.
                    в ☐ Русской Венецией.

6 Зимний дворец   а ☐ построил архитектор Камерон.
                    б ☐ построил архитектор Растрелли.
                    в ☐ построил архитектор Фальконе.

7 Памятник Петру I   а ☐ называют «Золотым всадником».
  работы Фальконе   б ☐ называют «Железным всадником».
                    в ☐ называют «Медным всадником».

8 Кунсткамера –     а ☐ это первый музей России.
                    б ☐ это первый дворец России.
                    в ☐ это первый порт России.

9 Эрмитаж был     а ☐ в 1764 году Петром I.
  основан        б ☐ в 1764 году Екатериной II.
                    в ☐ в 1764 году Александром III.

10 Русский музей –   а ☐ это музей русского искусства.
                    б ☐ это музей европейского искусства.
                    в ☐ это музей восточного искусства.

**11** Самая главная  
улица города –

а ☐ Большая Московская улица.  
б ☐ Большая Морская улица.  
в ☐ Невский проспект.

**12** Невский проспект  
соединяет

а ☐ Дворцовую площадь с Невой.  
б ☐ Дворцовую площадь с Лаврой.  
в ☐ Дворцовую площадь с парком.

**13** Карл Фаберже –

а ☐ известный российский архитектор.  
б ☐ известный российский ювелир.  
в ☐ известный российский художник.

**14** «Лебединое  
озеро» –

а ☐ самое известное озеро в мире.  
б ☐ самый известный зоопарк в мире.  
в ☐ самый известный балет в мире.

**15** Мариинский  
театр –

а ☐ это театр драмы.  
б ☐ это театр комедии.  
в ☐ это театр оперы и балета.

**16** В «Магазине  
Купцов  
Елисеевых»

а ☐ можно купить деликатесы.  
б ☐ можно купить одежду.  
в ☐ можно купить книги.

**17** Гостиный двор –

а ☐ это гостиница.  
б ☐ это торговый центр.  
в ☐ это парк.

**18** Летний сад –

а ☐ это ресторан.  
б ☐ это торговый центр.  
в ☐ это парк.

**19** Метро Санкт-  
Петербурга –

а ☐ самое глубокое в мире  
б ☐ самое большое в мире.  
в ☐ первое в мире.

**20** На гербе и флаге  
Санкт-Петербурга

а ☐ находятся два льва.  
б ☐ находятся два якоря.  
в ☐ находятся два корабля.

## Сочетание числительных с существительными

| Количество 1 | Род | Количество 2-3-4 | Количество 5 → 20 |
|---|---|---|---|
| Именительный падеж | | Родительный падеж, единственное число | Родительный падеж, множественное число |
| метр | мужской | метра | метров |
| грамм | мужской | грамма | граммов |
| час | мужской | часа | часов |
| рубль | мужской | рубля | рублей |
| здание | средний | здания | зданий |
| место | средний | места | мест⊠ |
| яблоко | средний | яблока | яблок⊠ |
| картина | женский | картины | картин⊠ |
| минута | женский | минуты | минут⊠ |
| копейка | женский | копейки | копеек⊠ |

**2** **Санкт-Петербург в цифрах. Найдите правильный ответ.**

Санкт-Петербург – второй (после Москвы) по величине город Российской Федерации. Население города на 2017 год составляет 5 (пять) **миллион/миллиона/<u>миллионов</u>** 200 (двести) **тысяча/ тысячи/тысяч** человек.

Одно из символических названий Санкт-Петербурга – Северная Венеция. В городе 86 (восемьдесят шесть) **река/реки/рек** и **канал/канала/каналов**, 42 (сорок два) **остров/острова/островов**, 342 (триста сорок два) **мост/моста/мостов**. Длина Невы – 74 (семьдесят четыре) **километр/километра/километров**, из них 32 (тридцать два) **километр/километра/километров** – на территории Санкт-Петербурга. Канал Грибоедова – это любимое место прогулок жителей города и туристов. Через канал Грибоедова построен 21 (двадцать один) **мост/моста/мостов.**

Другое символическое название города – культурная столица, здесь работают более 100 (ста) **театр/театра/театров** и театральных **группа/группы/групп** и более 200 (двухсот) **музей/музея/музеев** и их **филиал/филиала/филиалов.** Каждый год в Санкт-Петербурге проводят более 20 (двадцати) международных **фестиваль/фестиваля/фестивалей** искусств, около 80 (восьмидесяти) музыкальных и театральных **фестиваль/ фестиваля/фестивалей, конкурс/конкурса/конкурсов,** сотни **выставка/выставки/выставок** и **премьера/премьеры/премьер.** «Лебединое озеро» – это самый известный балет мира на гениальную музыку Петра Ильича Чайковского и символ русской классической школы танца. Пётр Ильич Чайковский писал музыку почти во всех жанрах, он написал 10 (десять) **опера/ оперы/опер,** 3 (три) **балет/балета/балетов,** 7 (семь) **симфония/ симфонии/симфоний,** 104 (сто четыре) **романс/романса/ романсов.**

В 2017 году город посетили более 7 (семи) **миллион/миллиона/ миллионов** туристов. Эрмитаж – самый популярный музей Санкт-Петербурга. Общая площадь дворца – около 60.000 (шестидесяти тысяч) квадратных **метр/метра/метров.** Фонды Эрмитажа насчитывают 3 (три) **миллион/миллиона/миллионов** экспонатов.

Невский проспект – это самая главная улица города. На Невский проспект выходят фасады 240 (двухсот сорока) **здание/здания/ зданий.**

Метро в Петербурге – одно из самых красивых в мире. Сегодня тут 5 (пять) **линия/линии/линий** метро, 67 (шестьдесят семь) **станция/станции /станций,** 263 (двести шестьдесят три) **эскалатор/эскалатора/эскалаторов.** Длина метро 114 (сто четырнадцать) **километр/километра/километров.** Каждый день поезда метро перевозят 3 (три) **миллион/миллиона/миллионов** человек.

**3** **Соедините названия музеев и фотографии.**

1  ⑥  Большой Петергофский дворец ———— а

2  ☐  Павловский парк и дворец  →  б

3  ☐  Кунсткамера  в

4  ☐  Екатерининский дворец  г

5  ☐  Русский музей  д

6  ☐  Эрмитаж  е

7  ☐  Музей-квартира А.С. Пушкина  ж

8  ☐  Музей Фаберже  з

9  ☐  Летний дворец Петра I  и

10 ☐  Медный всадник  к

11 ☐  Музей шоколада  л

12 ☐  Петропавловский собор и  м
      Петропавловская крепость

**4** **Напишите названия музеев из упражнения 3.**

| Музей | Информация |
|---|---|
| Летний дворец Петра I .............. | На первом этаже были комнаты царя, а на втором – комнаты его жены Екатерины и детей. |
| .............................. | Дворец был летней резиденцией русских царей. |
| .............................. | Это самый старый и самый известный собор города. |
| .............................. | На памятнике Петру I была надпись: «Петру Первому Екатерина Вторая». |
| .............................. | Здесь находится знаменитая Янтарная комната. |
| .............................. | Это первый музей России, его основал Пётр I в 1714 году. |
| .............................. | Камерон был большим поклонником Андреа Палладио, дворец очень похож на виллу «Ротонда» в Италии. |
| .............................. | В этом доме поэт прожил последние месяцы жизни. |
| .............................. | Главный экспонат музея – 9 императорских пасхальных яиц Фаберже. |
| .............................. | Экспонаты музея можно не только посмотреть, но и съесть. |
| .............................. | Это самый большой в мире музей русского искусства. |
| .............................. | В музее живут 50 котов, их называют нештатными работниками музея. Екатерина II дала котам статус «охранников картинных галерей». |

## Содержание коммуникативно-речевой компетенции

В этой книге представлены **следующие темы для изучения:**
**Культурно-туристическая информация о России:**
   архитектура, история, география, музеи, художники, театры,
   фестивали, музыка, транспорт, метро, торговый центр, рецепт
   салата «Оливье»
**Грамматические структуры:**
Падежная система имён существительных и прилагательных
Краткие прилагательные
Сравнительная степень прилагательных
Личные, относительные, указательные, отрицательные,
   вопросительные местоимения
Глаголы в настоящем, прошедшем и будущем времени
Глаголы движения без приставок и с приставками в настоящем,
   прошедшем и будущем времени
Инфинитив
Несовершенный и совершенный вид глагола
Количественные числительные
Сочетания количественных числительных с именами
   существительными
Порядковые числительные
Наречия места и времени, образа действия, меры и степени,
   предикативные наречия
Порядок слов в предложении
Сложносочинённые предложения с союзами и, а, но, или
Сложноподчинённые предложения, виды придаточных
   предложений с различными союзами

Адаптированное **ELi** чтение

### Начальный уровень

А. С. Пушкин. Пиковая дама
Олеся Балтак. Санкт-Петербург от А до Я